KB019289

3-2

"따라쓰기 쉬운" 바른
글씨체 쓰기

JW지원출판

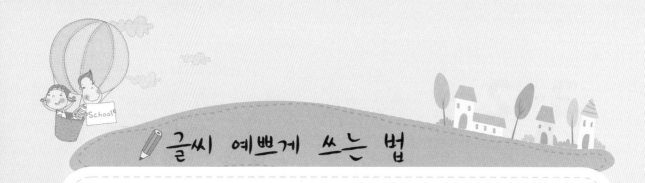

글씨 예쁘게 쓰는 법

　바른 자세는 예쁜 글씨의 기본조건입니다. 같은 사람이라도 필기구 잡는 법을 바꾸면 글씨체가 바뀝니다.

　필기구를 제대로 잡아야 손놀림이 자유롭고 힘이 많이 들어가지 않으며 글씨체도 부드러워집니다. 또 오른손이 필기구를 잡는다면 왼손은 항상 종이 위쪽에 둬야 몸 자세가 비뚤어지지 않습니다.

　글씨 연습의 원칙 중엔 '크게 배워서 작게 쓰라'도 있습니다. 처음부터 작게 연습을 하면 크게 쓸 때 글씨체가 흐트러지기 쉽기 때문입니다. 글씨 연습의 첫 출발은 선 긋기입니다. 선 긋기만 1주일에서 열흘 정도 연습해야 합니다. 글씨의 기둥 역할을 하는 'ㅣ'는 쓰기 시작할 때 힘을 주고 점차 힘을 빼면서 살짝 퉁기는 기분으로 빠르게 내려긋습니다. 'ㅡ'는 처음부터 끝까지 일정한 힘을 줘 긋습니다.

　선 긋기 연습이 끝나면 'ㄱ' 'ㄴ' 'ㅅ' 'ㅇ'을 연습합니다. 'ㄱ'과 'ㄴ'은 꺾이는 부분을 직각으로 하지 말고 살짝 굴려줘야 글씨를 부드럽게 빨리 쓸 수 있습니다. 'ㅇ'은 크게 쓰는 것이 중요합니다. 'ㅇ'은 글자의 얼굴격이기 때문입니다. 작게 쓰면 백발백중 글씨가 지저분하게 보입니다.

　다음엔 자음·모음 배열법입니다. 글자 모양을 '◁' '△' '◇' 'ㅁ' 안에 집어넣는다고 생각하고 씁니다. 예를 들어 '서' '상' 등은 '◁' 모양, '읽'은 'ㅁ' 모양에 맞춰 쓰는 식입니다. 글씨를 이어 쓸 때는 옆 글자와 키를 맞춰줘야 합니다. 키가 안 맞으면 보기 흉합니다. 글씨를 빨리 쓸 때는 글자에 약간 경사를 주면 됩니다. 이때는 가로획만 살짝 오른쪽 위로 올리고, 세로획은 똑바로 내려긋습니다.

예

서	오	공

이 책의 구성과 특징

❶ 글씨 쓰기는 집중력과 두뇌 발달에 도움을 줍니다.

❷ 흐린 글씨를 따라 쓰고 빈칸에 맞추어 쓰다 보면
한글 자형의 구조를 알 수 있습니다.

❸ 글씨쓰기의 모든 칸을 원고지로 구성하여 바르고 고른 글씨
를 연습하는데 좋습니다.

❹ 원고지 사용법을 기록하여 대화글 쓰는데 도움이 됩니다.
예 ? (물음표) – 묻는 문장 끝에 쓰입니다.

❺ 퍼즐을 넣어 단어의 뜻과 놀이를 동시에 할 수 있습니다.

❻ 단원 끝나는 부분에 틀리기 쉬운 글자를 한번 더 복습하여
낱말의 정확성을 키워 줍니다.

글씨를 쓸 때의 올바른 자세에 대해 알아보아요.

고개를 조금만
숙입니다.

글씨를 쓰지 않는
손으로 공책을
살짝 눌러 줍니다.

허리를 곧게
폅니다.

엉덩이를 의자
뒤쪽에 붙입니다.

두 발은 바닥에
나란히 닿도록
합니다.

 연필을 바르게 잡는 방법을 알아보아요.

엄지손가락과
집게손가락의 모양을
둥글게 하여 연필을
잡습니다.

연필을 잡을 때에
너무 힘을 주면
안 돼요.

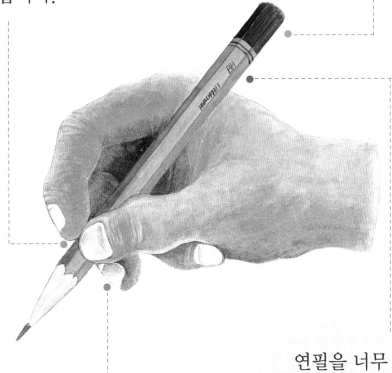

가운뎃손가락으로
연필을 받칩니다.

연필을 너무
세우거나 눕히지
않습니다.

바른자세 익히기 · · · · · · · · · · · · · · · 4

1. 마음으로 보아요 · · · · · · · · · · 7
　　글씨 따라쓰기 · · · · · · · · · · · · · · · 8
　　퍼즐로 배우는 낱말풀이 · · · · · · · 20
　　틀린 글자 바르게 고쳐쓰기 · · · · · · 22

2. 이렇게 하면 돼요 · · · · · · · · 23
　　글씨 따라쓰기 · · · · · · · · · · · · · · 24
　　퍼즐로 배우는 낱말풀이 · · · · · · · 36
　　틀린 글자 바르게 고쳐쓰기 · · · · · 38

3. 함께 사는 세상 · · · · · · · · · 39
　　글씨 따라쓰기 · · · · · · · · · · · · · · 40
　　퍼즐로 배우는 낱말풀이 · · · · · · · 52
　　틀린 글자 바르게 고쳐쓰기 · · · · 54

4. 차근차근 하나씩 · · · · · · · · · 55
　　글씨 따라쓰기 · · · · · · · · · · · · · · 56
　　퍼즐로 배우는 낱말풀이 · · · · · · · 68
　　틀린 글자 바르게 고쳐쓰기 · · · · 70

5. 주고받는 마음 · · · · · · · · · · 71
　　글씨 따라쓰기 · · · · · · · · · · · · · · 72
　　퍼즐로 배우는 낱말풀이 · · · · · · · 82
　　틀린 글자 바르게 고쳐쓰기 · · · · 84

6. 서로의 생각을 나누어요 · · 85
　　글씨 따라쓰기 · · · · · · · · · · · · · · 86
　　퍼즐로 배우는 낱말풀이 · · · · · · · 96
　　틀린 글자 바르게 고쳐쓰기 · · · · 98

7. 마음을 읽어요 · · · · · · · · · · 99
　　글씨 따라쓰기 · · · · · · · · · · · · · 100
　　퍼즐로 배우는 낱말풀이 · · · · · · 110
　　틀린 글자 바르게 고쳐쓰기 · · · · 112

퍼즐 정답 · · · · · · · · · · · · · · · · · 113
원고지 사용법 · · · · · · · · · · · · · · 114

1. 마음으로 보아요

연필을 바르게 잡고 다음 낱말을 따라 써 보아요.

번 데 기   번 데 기   번 데 기
번 데 기   번 데 기   번 데 기

달 팽 이   달 팽 이   달 팽 이
달 팽 이   달 팽 이   달 팽 이

껍 데 기   껍 데 기   껍 데 기
껍 데 기   껍 데 기   껍 데 기

나 비   나 비   나 비
나 비   나 비   나 비

 다음 글을 읽고 문장을 따라 써 보아요.

들길에 곱게 핀 코스모스

들 누가누가 더 큰가 키

대기 해요. 높은 하늘 바

라보며 키 대기 해요.

 연필을 바르게 잡고 다음 낱말을 따라 써 보아요.

별 별 별 별 별 별
별 별 별 별 별 별

바닷가 바닷가 바닷가
바닷가 바닷가 바닷가

푸른 푸른 푸른 푸른
푸른 푸른 푸른 푸른

모래 모래 모래 모래
모래 모래 모래 모래

 다음 글을 읽고 문장을 따라 써 보아요.

희고 흰 모래 벌판과 푸

르고 푸른 바닷물만이 한 끝

에서 한 끝까지 펼쳐져 있다.

 연필을 바르게 잡고 다음 낱말을 따라 써 보아요.

훌 쩍 훌 쩍

높 은   성

허 수 아 비

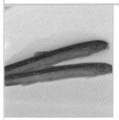

미 꾸 라 지

다음 글을 읽고 문장을 따라 써 보아요.

그 날 밤 , 아 기 별 은 추 워 하

는 바 위 나 리 를 품 안 에 꼭 ✓

안 아 따 뜻 하 게 해 주 었 다 .

다음 글을 읽고 문장을 따라 써 보아요.

아기별은 어쩔 줄 모르고 ✓
아기별은 어쩔 줄 모르고
아기별은 어쩔 줄 모르고

한참 동안이나 멍하니 있다
한참 동안이나 멍하니 있다
한참 동안이나 멍하니 있다

가 문지기를 불러 보았으나 ✓
가 문지기를 불러 보았으나
가 문지기를 불러 보았으나

대답하는 이가 없었습니다.
대답하는 이가 없었습니다.
대답하는 이가 없었습니다.

다음 글을 읽고 문장을 따라 써 보아요.

그 날　밤 , 바 위 나 리 는　　늦 도

록　 아 기 별 을　 기 다 렸 습 니 다 .

그 러 나　 끝 내　 아 기 별 은　　내 려

오 지　 않 았 습 니 다 .

다음 글을 읽고 문장을 따라 써 보아요.

그 이튼날에도 아기별은

보이지 않았습니다. 바위나리

의 병은 점점 깊어 갔습니

다. 꽃은 시들고 몸은 말라 ✓

다음 글을 읽고 문장을 따라 써 보아요.

갔습니다. 감장 돌에 몸을

의지하고 있던 바위나리는

별안간 불어온 바람에 바다

로 날려 가고 말았습니다.

다음 글을 읽고 문장을 따라 써 보아요.

여러분은 바다를 들여다본 ✓

적이 있습니까? 바다는 물

이 깊으면 깊을수록 환하고 ✓

밝게 보입니다.

다음 글을 읽고 문장을 따라 써 보아요.

왜　　그럴까요?　　그것은　　지

왜　　그럴까요?　　그것은　　지

왜　　그럴까요?　　그것은　　지

금도　　바다　　밑에서　　아기별이 ✓

금도　　바다　　밑에서　　아기별이

금도　　바다　　밑에서　　아기별이

빛나고　　있기　　때문이랍니다.

빛나고　　있기　　때문이랍니다.

빛나고　　있기　　때문이랍니다.

퍼즐로 배우는
낱말풀이

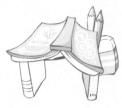

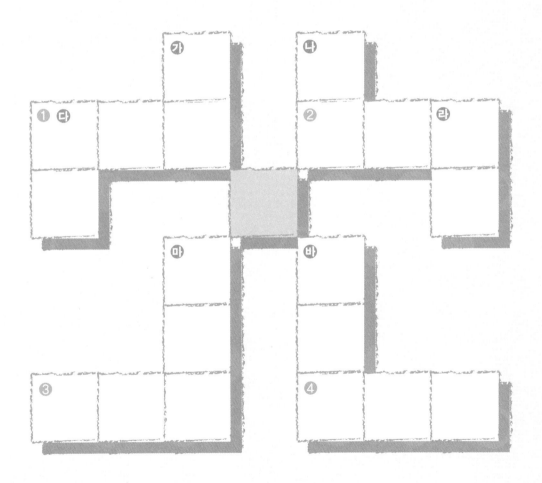

★ 해답은 113페이지

PUZZLE

가로 퍼즐

❶ 줄기는 덩굴이 되어 땅 위로 뻗으며, 땅속뿌리는 식용하거나 공업용으로 쓰고 잎과 줄기도 나물로 식용한다. 자주색을 띠며 간식으로 많이 먹는다.

❷ 어류의 척추동물을 통틀어 이르는 말. 물에사는 고기

❸ 울려 퍼져 가던 소리가 산이나 절벽 같은 데에 부딪쳐 되울려오는 소리

❹ 주로 도로상에서 어느 곳까지의 거리 및 방향을 알려주는 표지

세로 퍼즐

㉮ 어린아이의 말로, '어머니'를 이르는 말

㉯ 옛날 물건. 헐거나 낡은 물건

㉰ '○○ 싸움에 새우 등 터진다.'

㉱ 물보다 가볍고 불을 붙이면 잘 타는 액체

㉲ 목구멍에서 나는 소리

㉳ 우렁이와 비슷한데 네 개의 가로무늬가 있고 등에는 나선형의 껍데기가 있으며, 두 더듬이와 눈이 있다. 논밭의 돌 밑, 풀숲에 산다.

 틀린 글자예요. 바르게 고쳐 써 보아요.

| 개수나무 | 계 수 나 무　계 수 나 무
계 수 나 무　계 수 나 무 |

| 병이
났는다는 | 낫 는 다 는　낫 는 다 는
낫 는 다 는　낫 는 다 는 |

| 방구쟁이 | 방 귀 쟁 이　방 귀 쟁 이
방 귀 쟁 이　방 귀 쟁 이 |

| 겨정꺼리 | 걱 정 거 리　걱 정 거 리
걱 정 거 리　걱 정 거 리 |

2. 이렇게 하면 돼요

연필을 바르게 잡고 다음 낱말을 따라 써 보아요.

국 어 사 전　　국 어 사 전

국 어 사 전　　국 어 사 전

텔 레 비 전　　텔 레 비 전

텔 레 비 전　　텔 레 비 전

갯 벌　　갯 벌　　갯 벌

갯 벌　　갯 벌　　갯 벌　　갯 벌

오 염　　오 염　　오 염　　오 염

오 염　　오 염　　오 염　　오 염

다음 글을 읽고 문장을 따라 써 보아요.

국어사전에는 낱말을 이루

고 있는 각 글자가 짜인

순서대로 낱말이 실려 있다.

연필을 바르게 잡고 다음 낱말을 따라 써 보아요.

콩 　콩　　콩　　콩　　콩　　콩
　콩　　콩　　콩　　콩　　콩　　콩

된 장　　된 장　　된 장　　된 장
　된 장　　된 장　　된 장　　된 장

메 주　　메 주　　메 주　　메 주
　메 주　　메 주　　메 주　　메 주

된 장 찌 개　　된 장 찌 개
　된 장 찌 개　　된 장 찌 개

다음 글을 읽고 문장을 따라 써 보아요.

들꽃을   지키는   가장   좋은 ✓
들꽃을   지키는   가장   좋은
들꽃을   지키는   가장   좋은

방법은   들꽃을   있는   곳에
방법은   들꽃을   있는   곳에
방법은   들꽃을   있는   곳에

그대로   두고   즐기는   것이다.
그대로   두고   즐기는   것이다
그대로   두고   즐기는   것이다

연필을 바르게 잡고 다음 낱말을 따라 써 보아요.

볏짚

항아리

고추

숯

 다음 글을 읽고 문장을 따라 써 보아요.

할머니께서   메주를   방에

매달아   놓으셨다. 방에서   이

상한   냄새가   났다.

다음 글을 읽고 문장을 따라 써 보아요.

나는 할머니께서 끓여 주

시는 된장찌개를 좋아한다.

된장찌개만 있으면 밥을 두

세 그릇도 뚝딱 해치운다.

다음 글을 읽고 문장을 따라 써 보아요.

그럴 때면 메주에서 냄새

가 난다고 투덜거린 것이

죄송스럽다. 이렇게 맛있는

된장은 어떻게 만드는 걸까?

다음 글을 읽고 문장을 따라 써 보아요.

먼저, 메주콩을 열두 시간 ✓

동안 물에 불린 뒤에 푹

삶습니다. 삶은 콩은 절구에 ✓

찧어 반죽처럼 만듭니다.

다음 글을 읽고 문장을 따라 써 보아요.

메주를 따뜻한 방에서 꾸

덕꾸덕할 때까지 말립니다.

메주를 따뜻한 곳에 두면,

몸에 좋은 성분이 생깁니다.

다음 글을 읽고 문장을 따라 써 보아요.

잘 띄운 메주를 깨끗이

씻어서 적당히 햇볕에 말립

니다. 그런 뒤에 항아리에

메주와 소금물을 넣습니다.

 다음 글을 읽고 문장을 따라 써 보아요.

걸러 낸 건더기를 삭혀

된장을 만듭니다. 메주 건더

기에 소금을 잘 뿌려서 항

아리에 담습니다.

퍼즐로 배우는 낱말풀이

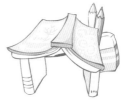

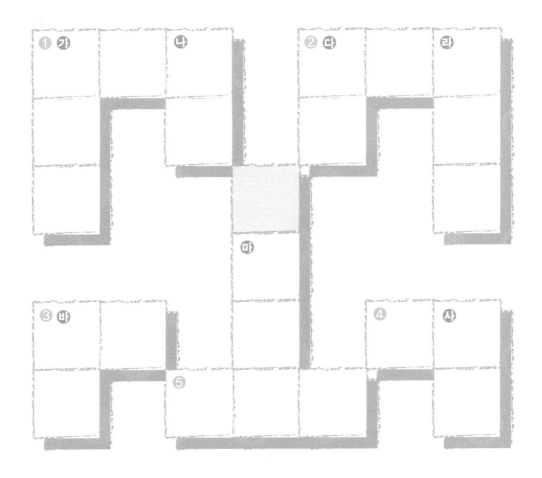

★ 해답은 113페이지

 **PUZZLE**

가로 퍼즐

① 자기 고장을 떠나 다른 곳에 잠시 머물거나 떠도는 사람

② 화장하는 데 쓰는 크림, 분, 향수 따위를 통틀어 이르는 말

③ 코로 맡을 수 있는 온갖 기운

④ 콩을 삶아서 찧은 다음, 덩이를 지어서 띄워 말린 것. 간장, 된장, 고추장 따위를 담그는 원료로 쓴다.

⑤ 라디오의 ○○○가 다 닳았는지 소리가 나지 않았다.

세로 퍼즐

㉮ 나무의 잎

㉯ 로마의 제5대 황제. 유능한 인재를 살해하고 기독교도를 학살하는 등 공포 정치를 하였다.

㉰ 텔레비전이나 컴퓨터 따위에서 그림이나 영상이 나타나는 면

㉱ 힘든 일을 서로 거들어 주면서 품을 지고 갚고 하는 일

㉲ 뛰어나고 훌륭한 사람의 업적과 삶을 적은 글이나 책

㉳ 음식을 끓이거나 삶는 데 쓰는 용구의 하나. 뚜껑과 손잡이가 있다.

㉴ 종이나 옷감 따위의 구김살

틀린 글자예요. 바르게 고쳐 써 보아요.

| 꺾으면 안됩니다 | 꺾 으 면 | 꺾 으 면 | 꺾 으 면 |
| | 꺾 으 면 | 꺾 으 면 | 꺾 으 면 |

| 매주 | 메 주 | 메 주 | 메 주 |
| | 메 주 | 메 주 | 메 주 |

| 볏집 | 볏 짚 | 볏 짚 | 볏 짚 |
| | 볏 짚 | 볏 짚 | 볏 짚 |

| 절구에 찌어 | 찧 어 | 찧 어 | 찧 어 |
| | 찧 어 | 찧 어 | 찧 어 |

3. 함께 사는 세상

3. 함께 사는 세상

 연필을 바르게 잡고 다음 낱말을 따라 써 보아요.

토 끼　토 끼　토 끼　토 끼

토 끼　토 끼　토 끼　토 끼

거 북 이　거 북 이　거 북 이

거 북 이　거 북 이　거 북 이

달 리 기　달 리 기　달 리 기

달 리 기　달 리 기　달 리 기

결 승 점　결 승 점　결 승 점

결 승 점　결 승 점　결 승 점

다음 글을 읽고 문장을 따라 써 보아요.

달리기를 시작한 토끼는

거북이 저 멀리 따라오는

것을 보고 낮잠을 잤습니다.

 연필을 바르게 잡고 다음 낱말을 따라 써 보아요.

화분　　화분　　화분　　화분
화분　　화분　　화분　　화분

싹　싹　싹　싹　싹　싹
싹　싹　싹　싹　싹　싹

콩나물　　콩나물　　콩나물
콩나물　　콩나물　　콩나물

창가　　창가　　창가　　창가
창가　　창가　　창가　　창가

다음 글을 읽고 문장을 따라 써 보아요.

산들산들 산들바람 불어

오면은 키 대기 하다 말고 ✓

춤을 추어요. 하늘하늘 즐

겁게 춤을 추어요.

연필을 바르게 잡고 다음 낱말을 따라 써 보아요.

 책 가 방

 과 학　실 험

 일 기 장

 보 조 개

다음 글을 읽고 문장을 따라 써 보아요.

얼 레 빗 참 빗 줄 게 잘 빗

고 내 리 거 라 얼 레 빗 참 빗 으

로 곱 게 빗 고 오 시 는 비 .

다음 글을 읽고 문장을 따라 써 보아요.

> 하얗게 하얗게 핀 코스모
>
> 스는 어머니가 그리워 피는 ✓
>
> 거래요. 오늘도 먼 하늘
>
> 쳐다보면서 한들한들 외롭게

다음 글을 읽고 문장을 따라 써 보아요.

기 다 린 대 요 .   빨 갛 게   빨 갛

게   핀   코 스 모 스 는   서 울   간 ✓

애   못   잊 어   피 는   거 래 요 .

다음 글을 읽고 문장을 따라 써 보아요.

봄, 여름내 가지 끝에

대롱대롱 햇빛이 엉기어 홍

시감이 되었다. 이슬 꽃

냄새 새 소리를 마시고 포

다음 글을 읽고 문장을 따라 써 보아요.

동포동 살찐 홍시감은 아가 ✓

볼 같다. 시집 갈 누나

얼굴 같다.

3. 함께 사는 세상

다음 글을 읽고 문장을 따라 써 보아요.

꼭 다문 꽃망울이 하나씩 ✓

둘씩 깨어납니다. 하양 옷

, 노랑 옷, 빨강 옷,

고운 옷입니다. 호랑나비

 다음 글을 읽고 문장을 따라 써 보아요.

훨훨   끌벌   친구   붕붕   꽃밭

은   아침부터   술렁입니다.

꽃밭은   좋다고   저녁까지   이

야기   소리.

퍼즐로 배우는 낱말풀이

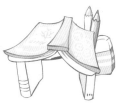

★ 해답은 113페이지

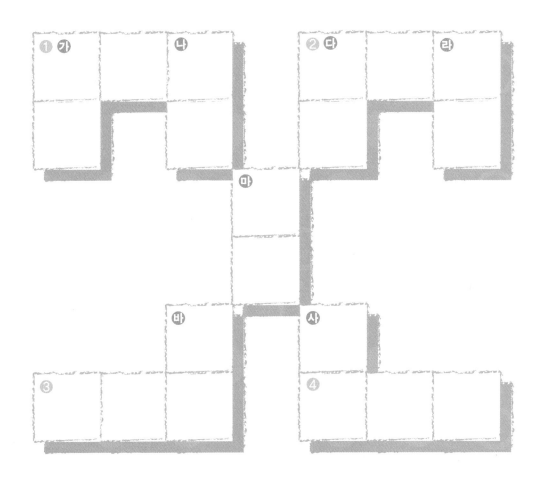

3 PUZZLE

가로 퍼즐

① 등과 배에 단단한 딱지가 있고 네발을 그 안으로 움츠릴 수 있다. 토끼와 ○○○ 경주

② 물을 모아 두기 위하여 하천이나 골짜기를 막아 만든 큰 못

③ 병 따위에 꽂아 놓고 액체를 붓는 데 쓰는 나팔 모양의 기구

④ ≪서유기≫의 주인공인 원숭이

세로 퍼즐

㉮ 진득진득한 실을 뽑아 그물처럼 쳐 놓고 벌레를 잡아먹는 곤충

㉯ 잘 때 몸을 덮기 위하여 만든 침구의 하나.

㉰ 물건이나 재물 따위를 모아서 간수함

㉱ 서울 이외의 지역

㉲ 귀가 길고 뒷다리가 앞다리보다 발달하였으며 꼬리는 짧다. 초식성으로 번식력이 강하다.

㉳ 엽전이나 그와 비슷한 것을 종이나 헝겊에 싼 다음 나머지 부분을 먼지떨이처럼 여러 갈래로 늘여 발로 차고 노는 장난감. ○○를 차다.

㉴ 말이나 행동이 겸손하고 예의바르다.

 틀린 글자예요. 바르게 고쳐 써 보아요.

| 카드를
석어서 | 석 어 서 | 석 어 서 | 석 어 서 |
| | 석 어 서 | 석 어 서 | 석 어 서 |

| 이불을
덥지 않고 | 덮 지   않 고 | 덮 지   않 고 |
| | 덮 지   않 고 | 덮 지   않 고 |

| 절머지는 | 젊 어 지 는 | 젊 어 지 는 |
| | 젊 어 지 는 | 젊 어 지 는 |

| 대낮같이 | 대 낮 같 이 | 대 낮 같 이 |
| | 대 낮 같 이 | 대 낮 같 이 |

4. 차근차근 하나씩

 연필을 바르게 잡고 다음 낱말을 따라 써 보아요.

유 리 병   유 리 병   유 리 병
유 리 병   유 리 병   유 리 병

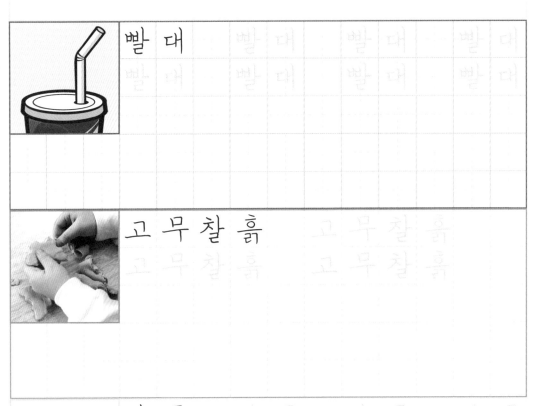

빨 대   빨 대   빨 대   빨 대
빨 대   빨 대   빨 대   빨 대

고 무 찰 흙   고 무 찰 흙
고 무 찰 흙   고 무 찰 흙

송 곳   송 곳   송 곳   송 곳
송 곳   송 곳   송 곳   송 곳

다음 글을 읽고 문장을 따라 써 보아요.

체조는 여러 부분을 당기

거나 늘이거나 돌리는 방법

으로 하는 몸동작입니다.

4. 차근차근 하나씩

 연필을 바르게 잡고 다음 낱말을 따라 써 보아요.

체조 　체조　체조　체조

　체조　체조　체조　체조

엉덩이　엉덩이　엉덩이

엉덩이　엉덩이　엉덩이

무릎　무릎　무릎　무릎

무릎　무릎　무릎　무릎

옆구리　옆구리　옆구리

옆구리　옆구리　옆구리

다음 글을 읽고 문장을 따라 써 보아요.

다른 쪽 다리도 이와 같

은 동작을 합니다. 이런 동

작을 30초 정도 유지합니다.

4. 차근차근 하나씩

 연필을 바르게 잡고 다음 낱말을 따라 써 보아요.

청 소 기

화 재

플 러 그

스 위 치

다음 글을 읽고 문장을 따라 써 보아요.

아 버 지 께 서 는 상 자 를 뜯 은 ✓

뒤 에 몸 체 와 손 잡 이 , 관 , 흡

입 구 를 꺼 내 셨 습 니 다 .

4. 차근차근 하나씩

다음 글을 읽고 문장을 따라 써 보아요.

선물을 포장할 포장지를

자릅니다. 상자를 포장지의

가운데에 놓고 두께를 재어 ✓

손으로 눌러 표시합니다.

 다음 글을 읽고 문장을 따라 써 보아요.

선물 상자를 깨끗하고 예

쁘게 포장하려면 포장지가

구겨지지 않도록 하고, 접는 ✓

부분은 눌러서 접습니다.

63

다음 글을 읽고 문장을 따라 써 보아요.

청소기가 액체나 칼날, 압

정, 불씨 등을 빨아들이지

않도록 하세요. 화재나 감전 ✓

고장의 원인이 됩니다.

다음 글을 읽고 문장을 따라 써 보아요.

전선이나 청소기를 열기구

가까이에 두지 마세요. 청소

기의 몸체가 변하거나 고장

나는 원인이 됩니다.

다음 글을 읽고 문장을 따라 써 보아요.

"먼지통에 모이는데 먼지

가 가득 차면 비워 주어야 ✓

한단다. 설명서를 보고 먼지 ✓

통을 한 번 비워 보렴."

다음 글을 읽고 문장을 따라 써 보아요.

전 선   감 기   단 추 를   누 르 면

전 선 이   감 깁 니 다 . 몸 체 를   세

우 고   흡 입 구 의   튀 어 나 온   부

분 을   홈 에   끼 워   보 관 합 니 다 .

퍼즐로 배우는 낱말풀이

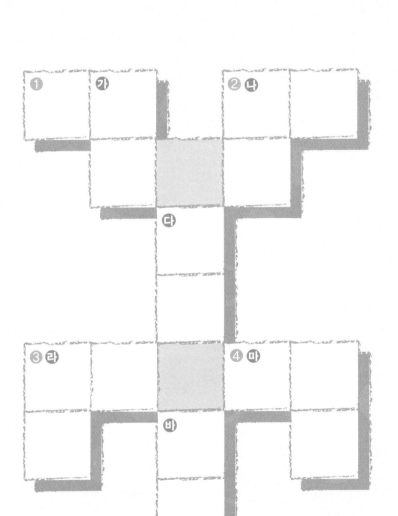

★ 해답은 113페이지

 **PUZZLE**

가로 퍼즐

❶ 국수를 증기로 익히고 기름에 튀겨서 말린 즉석식품.
  가루수프를 따로 넣는다.

❷ 사람이 몸을 단련하거나 건강을 위하여 몸을 움직이는
  일

❸ 옷감, 종이, 머리털 따위를 자르는 기구

❹ 집을 짓거나 가구, 그릇 따위를 만들 때 재료로 사용하
  는 재목

세로 퍼즐

㉮ 얼굴이나 몸에 난 수염이나 잔털을 깎음

㉯ 사람의 목숨이 끊어짐

㉰ 더럽거나 어지러운 것을 쓸고 닦아서 깨끗하게 함

㉱ 물건을 넣어 들거나 메고 다닐 수 있게 만든 용구
  가죽이나 천, 비닐 따위로 만든다.

㉲ 넓적다리와 정강이의 사이에 앞쪽으로 둥글게 튀어나
  온 부분

㉳ 남에게 어떤 물건 따위를 선사함

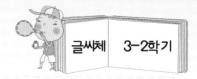
 틀린 글자예요. 바르게 고쳐 써 보아요.

침팬치	침 팬 지	침 팬 지	침 팬 지
	침 팬 지	침 팬 지	침 팬 지

차래	차 례	차 례	차 례
	차 례	차 례	차 례

뚝빼기	뚝 배 기	뚝 배 기	뚝 배 기
	뚝 배 기	뚝 배 기	뚝 배 기

겉모양	겉 모 양	겉 모 양	겉 모 양
	겉 모 양	겉 모 양	겉 모 양

5. 주고받는 마음

5. 주고받는 마음

 연필을 바르게 잡고 다음 낱말을 따라 써 보아요.

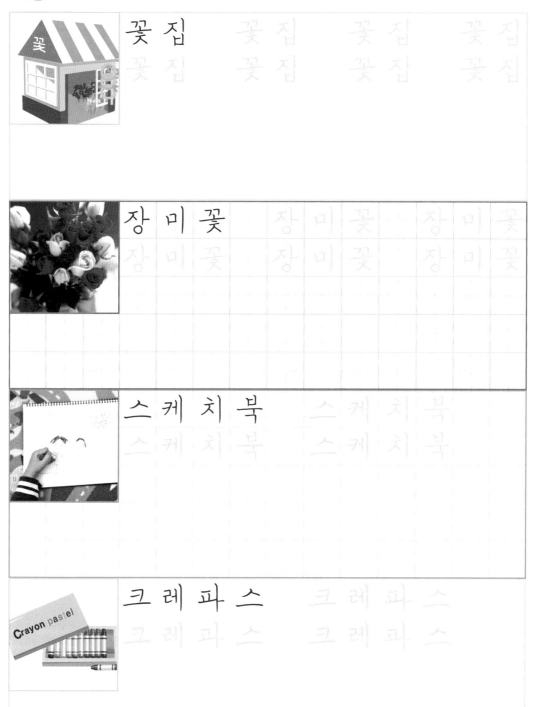

꽃 집

장 미 꽃

스 케 치 북

크 레 파 스

다음 글을 읽고 문장을 따라 써 보아요.

그래서 생각한 건데······.

진짜 장미꽃을 선물할 수

없으니까 조화를 선물하자.

 연필을 바르게 잡고 다음 낱말을 따라 써 보아요.

침 대　침 대　침 대　침 대
침 대　침 대　침 대　침 대

두 더 지　두 더 지　두 더 지
두 더 지　두 더 지　두 더 지

방 바 닥　방 바 닥　방 바 닥
방 바 닥　방 바 닥　방 바 닥

엎 드 려　엎 드 려　엎 드 려
엎 드 려　엎 드 려　엎 드 려

다음 글을 읽고 문장을 따라 써 보아요.

누나가　나를　잡으려고　방

바닥에　납작　엎드려　팔을

침대　밑으로　집어넣었어요.

다음 글을 읽고 문장을 따라 써 보아요.

엄마와 아빠가 없으면 진

경이가 엄마, 아빠처럼 진호

를 보살펴야 해. 그런 네가 ✓

동생하고 싸울 수 있어?

 다음 글을 읽고 문장을 따라 써 보아요.

너 보 다   작 아 도   누 나 는   누

나 야 !   누 나 를   깔 보 고   대 들

면   안   돼 !   무 슨   일 이 든

누 나 에 게   먼 저   양 보 해 .

다음 글을 읽고 문장을 따라 써 보아요.

하얀 옷을 입고 머리카락

을 길게 풀어 헤친 귀신이 ✓

나올 때마다 우리는 바짝

붙어 앉아 벌벌 떨었어요.

 다음 글을 읽고 문장을 따라 써 보아요.

검은색 스타킹을 여러 켤
검은색 스타킹을 여러 켤
검은색 스타킹을 여러 켤

레 고무줄로 친친 묶어서
레 고무줄로 친친 묶어서
레 고무줄로 친친 묶어서

머리에 얹고, 빨간 립스틱을
머리에 얹고, 빨간 립스틱을
머리에 얹고, 빨간 립스틱을

입술과 턱에 발라 주었어요.
입술과 턱에 발라 주었어요
입술과 턱에 발라 주었어요

다음 글을 읽고 문장을 따라 써 보아요.

현관에서 무슨 소리가 나

는가 싶더니 현관문이 덜컥 ✓

열렸어요. 엄마가 우리를 보

고 소리를 질렀어요.

다음 글을 읽고 문장을 따라 써 보아요.

하지만 우린 기뻤어요. 아
하지만 우린 기뻤어요. 아
하지만 우린 기뻤어요. 아

빠가 엄마를 꼭 안았으니까
빠가 엄마를 꼭 안았으니까
빠가 엄마를 꼭 안았으니까

요. 화장실에서 립스틱을 지
요. 화장실에서 립스틱을 지
요. 화장실에서 립스틱을 지

우며 누나에게 말했어요.
우며 누나에게 말했어요.
우며 누나에게 말했어요.

퍼즐로 배우는
낱말풀이

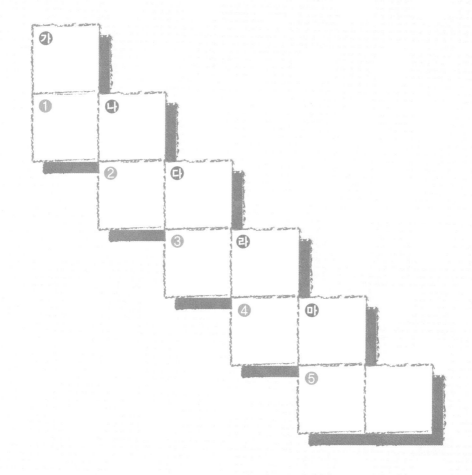

★ 해답은 113페이지

PUZZLE

가로 퍼즐

① 일본식 음식

② 일정한 형체를 갖춘 모든 물질적 대상.

③ 주로 발로 공을 차서 상대편의 골에 공을 많이 넣는 것으로 승부를 겨루는 경기. 11명이 팀을 이룬다.

④ 콩으로 만든 식품의 하나. 물에 불린 콩을 갈아서 짜낸 콩물을 끓인 다음 간수를 넣어 엉기게 하여 만든다.

⑤ 죽었다가 다시 살아남

세로 퍼즐

㉮ 세상에 태어난 날

㉯ 동물의 반대말

㉰ 집이나 성, 다리 따위의 구조물을 그 목적에 따라 설계하여 흙이나 나무, 돌, 벽돌, 쇠 따위를 써서 세우거나 쌓아 만드는 일

㉱ 주로 가죽을 재료로 하여 만든 서양식 신

㉲ 남편과 아내를 아울러 이르는 말

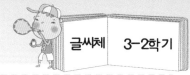

틀린 글자예요. 바르게 고쳐 써 보아요.

개임기 | 게 임 기 | 게 임 기 | 게 임 기

이튼날 | 이 튿 날 | 이 튿 날 | 이 튿 날

빨가케 | 빨 갛 게 | 빨 갛 게 | 빨 갛 게

여러
컬레 | 켤 레 | 켤 레 | 켤 레 | 켤 레

6. 서로의 생각을
나누어요

연필을 바르게 잡고 다음 낱말을 따라 써 보아요.

자 린 고 비　　　자 린 고 비
자 린 고 비　　　자 린 고 비

굴 비　　굴 비　　굴 비
굴 비　　굴 비　　굴 비

짚 신　　짚 신　　짚 신
짚 신　　짚 신　　짚 신

수 돗 물　　수 돗 물
수 돗 물　　수 돗 물　　수 돗 물

 다음 글을 읽고 문장을 따라 써 보아요.

밥 한 숟가락을 입에 넣

고는 반찬을 먹는 대신 천 ✓

장에 매달린 굴비를 보았다.

연필을 바르게 잡고 다음 낱말을 따라 써 보아요.

개 미   개 미   개 미   개 미
개 미   개 미   개 미   개 미

베 짱 이   베 짱 이   베 짱 이
베 짱 이   베 짱 이   베 짱 이

식 량   식 량   식 량   식 량
식 량   식 량   식 량   식 량

겨 울   겨 울   겨 울   겨 울
겨 울   겨 울   겨 울   겨 울

 다음 글을 읽고 문장을 따라 써 보아요.

프레드릭이 식량도 모으고 ✓

햇살, 색깔, 이야기도 모았어

야 한다고 생각한다.

다음 글을 읽고 문장을 따라 써 보아요.

또, 다른 쥐들에게 봄, 여

름, 가을, 겨울의 이야기도

들려 주었지. 넌 모두에게

즐거움과 희망을 준 거야!

다음 글을 읽고 문장을 따라 써 보아요.

그런데 햇살과 색깔을 모

으는 방법, 이야기를 잘하는

방법이 궁금해. 나에게도 알

려 줄 수 있니?

다음 글을 읽고 문장을 따라 써 보아요.

까마귀도 왕이 되고 싶어 ✓
까마귀도 왕이 되고 싶어
까마귀도 왕이 되고 싶어

날마다 숲 속을 돌아다니며 ✓
날마다 숲 속을 돌아다니며
날마다 숲 속을 돌아다니며

다른 새들이 떨어뜨린 깃털
다른 새들이 떨어뜨린 깃털
다른 새들이 떨어뜨린 깃털

을 주워 모았습니다.
을 주워 모았습니다.
을 주워 모았습니다.

다음 글을 읽고 문장을 따라 써 보아요.

참　신기하네.　빨강,　초록,

노랑,　보라의　깃털을　몸에

꽂으니까　정말　멋진데!　이

정도면　내가　왕이　될　거야.

다음 글을 읽고 문장을 따라 써 보아요.

내가 산신령이라면 가장

높이 나는 새를 왕으로 뽑

았을 것이다. 왕이라면 용맹

해야 하기 때문이다.

 다음 글을 읽고 문장을 따라 써 보아요.

나는 지혜로운 새가 왕이

되어야 한다고 생각해. 왕이

지혜로워야 숲 속이 살기

좋은 곳이 되기 때문이야.

퍼즐로 배우는 낱말풀이

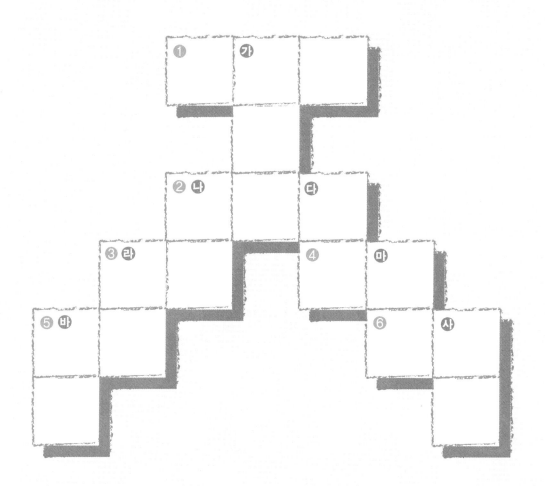

★ 해답은 113페이지

6 PUZZLE

가로 퍼즐

① 공사를 하는 곳

② 소나뭇과의 모든 식물을 통틀어 이르는 말. 잣나무와 비슷하게 생김

③ 한국 전통 관악기의 하나. 여덟 개의 구멍이 있고, 혀를 진동시켜 세로로 부는 악기이다.

④ 끈이나 띠 모양의 물건을 통틀어 이르는 말

⑤ 늙어서 망령이 듦

⑥ 몸에 직접 고통을 주어 벌함. 또는 그런 벌

세로 퍼즐

㉮ 증기 목욕. 가열한 열로 땀을 내는 곳

㉯ 물체의 진동에 의하여 생긴 음파가 귀청을 울리어 귀에 들리는 것

㉰ 사람이나 짐승 따위가 모여서 뭉친 한 동아리

㉱ 맵지 아니하고 감미로운 고추 품종을 통틀어 이르는 말

㉲ 기계 따위의 중심 부분. 또는 기본이 되는 몸체

㉳ 나이가 들어 늙은 사람

㉴ 곤충을 비롯하여 기생충과 같은 하등 동물을 통틀어 이르는 말

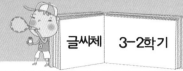
틀린 글자예요. 바르게 고쳐 써 보아요.

짚신 달는 것	닳 는	닳 는	닳 는	닳 는
	닳 는	닳 는	닳 는	닳 는

천장에 메달린	매 달 린	매 달 린	매 달 린
	매 달 린	매 달 린	매 달 린

배짱이	베 짱 이	베 짱 이	베 짱 이
	베 짱 이	베 짱 이	베 짱 이

산실령	산 신 령	산 신 령	산 신 령
	산 신 령	산 신 령	산 신 령

7. 마음을 읽어요

연필을 바르게 잡고 다음 낱말을 따라 써 보아요.

배낭

우산

소풍

오들오들

 다음 글을 읽고 문장을 따라 써 보아요.

아 이 들 이　　멘　　소 풍　　배 낭 은 ✓

하 나 같 이　　먹 을　　것 이　　잔 뜩

들 어　　있 어　　불 룩 하 였 습 니 다 .

7. 마음을 읽어요

 연필을 바르게 잡고 다음 낱말을 따라 써 보아요.

까 치　　까 치　　까 치　　까 치

까 치　　까 치　　까 치　　까 치

가 난 뱅 이　　가 난 뱅 이

가 난 뱅 이　　가 난 뱅 이

콜 록 콜 록　　콜 록 콜 록

콜 록 콜 록　　콜 록 콜 록

세 배　　세 배　　세 배　　세 배

세 배　　세 배　　세 배　　세 배

 다음 글을 읽고 문장을 따라 써 보아요.

옥주야, 네가 웬일이냐?

우리 집에 세배하러 오는

사람이 없는데…….

7. 마음을 읽어요

다음 글을 읽고 문장을 따라 써 보아요.

먹을 것이 잔뜩 든 배낭

을 메고 온 아이들한테 기

죽기 싫어 우산을 배낭 속

에 넣고 온 것입니다.

다음 글을 읽고 문장을 따라 써 보아요.

두고두고 이야깃거리가 될

것입니다. 희순이는 이마에

식은땀이 났습니다.

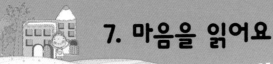

다음 글을 읽고 문장을 따라 써 보아요.

눈덩이가 너무 커져서 한 ✓

사람이 굴리기 힘들어지자,

둘이서 굴리고 나중에는 셋

이서 함께 굴렸습니다.

106

 다음 글을 읽고 문장을 따라 써 보아요.

형제들은 가장 큰 눈덩이 ✓

위에 두 번째로 큰 눈덩이

를 올려놓으려고 하였으나

들어 올릴 수가 없었습니다.

다음 글을 읽고 문장을 따라 써 보아요.

그래서   형제들이   다시   눈

덩이를   작게   만들려고   눈을 ✓

덜어   내고   있는데   할아버지

께서   오셨습니다.

 다음 글을 읽고 문장을 따라 써 보아요.

삼　　형제는　할아버지의　　말

씀을　　듣고,　지금껏　　마을에서 ✓

한　　번도　본　적이　없는　큰 ✓

눈사람을　완성하였습니다.

퍼즐로 배우는
낱말풀이

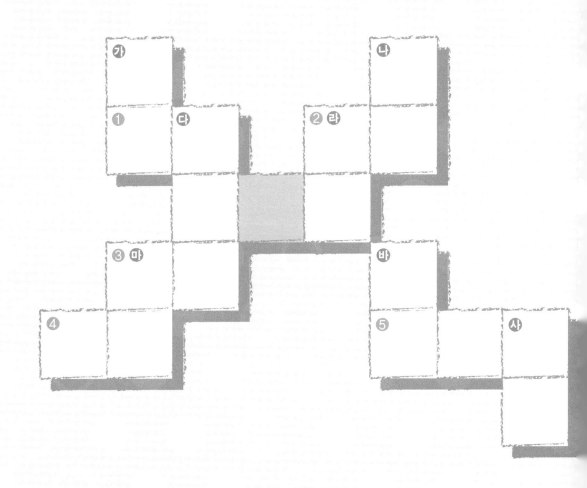

★ 해답은 113페이지

 **PUZZLE**

가로 퍼즐

① 텔레비전이나 컴퓨터 따위에서 그림이나 영상이 나타 나는 면

② 겹으로 된 천 사이에 솜, 깃털 따위를 넣고 자루 모양 으로 만든 침구. 주로 야영할 때에 쓴다.

③ 책을 갖추어 놓고 팔거나 사는 가게

④ 물체의 모양을 비추어 보는 물건

⑤ 찹쌀을 쪄서 떡메로 친 다음 네모나게 썰어 고물을 묻 힌 떡

세로 퍼즐

㉮ 일정한 의미를 갖고 움직이는 대상을 촬영하여 영사기 로 영사막에 재현하는 종합 예술

㉯ 등에 질 수 있도록 헝겊이나 가죽 따위로 만든 가방

㉰ 외화 획득이나 외국인 여행자의 편의를 도모하기 위하 여 공항 대합실이나 시중에 설치한 비과세 상점

㉱ 사람이 누워 잘 수 있도록 만든 가구

㉲ 우리나라의 수도

㉳ 포도의 즙을 발효시켜 만든 서양 술

㉴ 아름다운 사람

 틀린 글자예요. 바르게 고쳐 써 보아요.

| 도깨비 방망이 | 도 깨 비 | 도 깨 비 | 도 깨 비 |
| | 도 깨 비 | 도 깨 비 | 도 깨 비 |

| 기픈 산 | 깊 은 | 깊 은 | 깊 은 |
| | 깊 은 | 깊 은 | 깊 은 |

| 너무 날가서 | 낡 아 서 | 낡 아 서 | 낡 아 서 |
| | 낡 아 서 | 낡 아 서 | 낡 아 서 |

| 소리 업이 | 소 리   없 이 | 소 리   없 이 |
| | 소 리   없 이 | 소 리   없 이 |

1

	엄		고		
고	구	마	물	고	기
래					름
		목	달		
		소	팽		
메	아	리	이	정	표

2

나	그	네	화	장	품
뭇		로	면		앗	이
잎			위		
냄	새	인		메	주
비		건	전	지	름

3

거	북	이	저	수	지
미		불	장		방
			토		
			끼		
	제		공		
깔	때	기	손	오	공

4

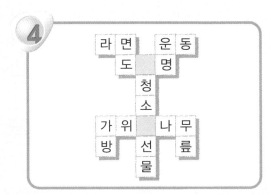

라	면		운	동
	도		명	
		청		
		소		
가	위		나	무
방		선		류
		물		

5

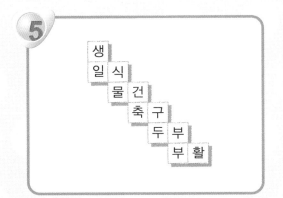

생	
일	식
물	건
축	구
두	부
부	활

6

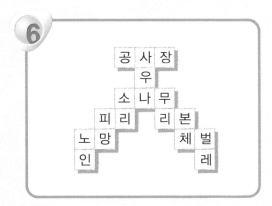

공	사	장
	우	
소	나	무
피	리	리	본
노	망	체	벌
인			레

7

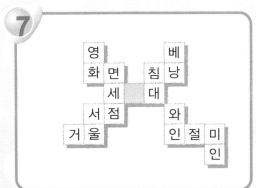

영		베
화	면	침	낭
	세	대
서	점	와
거	울	인	절	미
			인

원고지 사용법

제목쓰기
- 맨 첫째 줄은 비우고, 둘째 줄 가운데에 씁니다.

						학	교						

학교, 학년 반, 이름쓰기

- 학교는 제목 다음 줄에 쓰며, 뒤에서 세 칸을 비웁니다.
- 학년과 반은 학교 다음 줄에 쓰며, 뒤에서 세 칸을 비웁니다.
- 이름은 학년, 반 다음 줄에 쓰며, 뒤에서 두 칸을 비웁니다.
- 본문은 이름 밑에 한 줄을 띄운 후 문장이 시작될때는 항상 첫 칸을 비우고 씁니다.

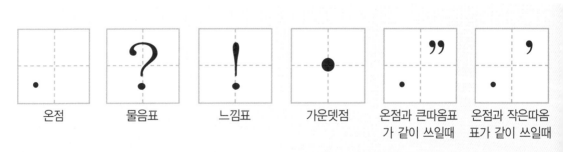

온점	물음표	느낌표	가운뎃점	온점과 큰따옴표 가 같이 쓰일때	온점과 작은따옴 표가 같이 쓰일때

● 아라비아 숫자는 한 칸에 두 자씩 씁니다.

	19	98	년		2	월		28	일				

● 문장 부호도 한 칸을 차지합니다.(온점)

	하	였	습	니	다	.							

● 말없음표는 한 칸에 세 개씩 나누어 두 칸에 찍습니다.

	꼭		가		보	고		싶	은	데	…	…	.

● 문장 부호 중 물음표나 느낌표는 그 다음 글을 쓸 때는 한 칸을 비웁니다.
　그러나 온점이나 반점은 그 다음 칸을 비우지 않고 씁니다.

	하	느	님	!		하	느	님	이		정	말		계	실	까	?
	보	람	이	는		궁	금	했	습	니	다	.	누	구	한	테	
물	어	보	아	야		하	나	?		엄	마	한	테		물	어	볼
까	,	아	빠	한	테		물	어	볼	까	?						

큰따옴표

작은따옴표

2017년 1월 15일 초판 **발행**
2022년 5월 10일 3쇄 **발행**

발행처 주식회사 지원 출판
발행인 김진용

주소 경기도 파주시 탄현면 검산로 472-3
전화 031-941-4474
팩스 0303-0942-4474

등록번호 406-2008-000040호

*잘못된 책은 구입하신 서점에서 바꾸어 드립니다.